COLLECTION AUGUSTE SICHEL

# BRONZES DE BARYE

ÉPREUVES DE CHOIX

[illegible]

IMPRIMERIE DE L'ART

CATALOGUE

DES

# BRONZES DE BARYE

## ÉPREUVES DE CHOIX

## Groupes, Statuettes, Bas-reliefs, etc.

**MODÈLES**

TABLEAUX ET DESSINS

PAR BARYE

**Composant la Collection de M. Auguste Sichel**

ET DONT LA VENTE AURA LIEU

HOTEL DROUOT, SALLE N° 3

**Le Samedi 27 Février 1886**

A 2 HEURES 1/2

Par le Ministère de M° PAUL CHEVALLIER

COMMISSAIRE-PRISEUR

10, rue de la Grange-Batelière, 10

Assisté de M. CHARLES MANNHEIM

EXPERT

7, rue Saint-Georges, 7

**EXPOSITIONS**

| PARTICULIÈRE | PUBLIQUE |
|---|---|
| Le Jeudi 25 Février 1886 | Le Vendredi 26 Février 1886 |

DE UNE HEURE A CINQ HEURES

## CONDITIONS DE LA VENTE

Elle se fera au comptant.

Les adjudicataires paieront *cinq pour cent* en sus des enchères, applicables aux frais.

L'exposition mettant le public à même de se rendre compte de l'état des objets, il ne sera admis aucune réclamation une fois l'adjudication prononcée.

Paris. — Imprimerie E. Ménard et J. Augry, 41, rue de la Victoire.

# UN MOT

Voici, pour la première fois, livré aux enchères dans une vente publique, l'Œuvre de Barye — ou du moins la réunion des plus belles et des plus rares pièces de son Œuvre.

Voici offerts aux convoitises des amateurs, les ouvrages de cet artiste, un des deux ou trois grands talents originaux du règne de Louis-Philippe; de cet artiste dont le peintre de la Grande-Bretagne, Herbert, disait que s'il était Anglais, on verrait ses statues sur toutes les places de Londres; de cet artiste en l'honneur duquel un simple citoyen des États-Unis, M. Walters, un passionné de Gavarni et de Barye, un homme d'un goût personnel et brave, vient d'ouvrir chez lui (*at home*) un musée spécial, et cela avec l'apparat officiel d'un gouvernement[1].

1. M. Walters, de Baltimore, est le fondateur de la galerie Corcoran, au Musée de Washington, composée d'œuvres de Barye. Il est le collectionneur de soixante-dix des plus beaux bronzes de l'artiste, parmi lesquels se trouve une douzaine de modèles. Et cet enthousiaste de notre grand animalier vient de doter Mount Vernon Place, du don royal des groupes de la Guerre, de la Paix, de l'Ordre et de la Force, et du grand Lion des Tuileries.

Voici le curieux billet d'inauguration du Salon Barye, en la maison de M. Walters :

*Barye Inauguration*
*W. F. Walters and his Son*
*At home*
*Wednesday January twenty eighth 1885*
*From ten until four o'clock*
*Opening of Barye Room*
*65, Mount Vernon Place Baltimore*
*This card will be required at the door*

J'emprunte ces détails à l'article de la revue américaine, *The Harper's Monthly Magazine*, de mon ami Théodore Child qui prépare un livre sur Barye.

Et voici de toutes ces pièces des exemplaires incomparables, choisis, triés dans le nombre, par un délicat, un difficile, un raffiné. Car ainsi que pour les gravures et les lithographies, il est pour les bronzes des épreuves de choix, des épreuves où le *gras* de la fonte est encore à l'état vierge, des épreuves gardant encore le fruste et le rudimentaire artistique du modelage et de son caractère d'esquisse, des épreuves n'ayant point encore perdu les libres et délicats travaux de l'ébauchoir dans l'émoussement du tirage, des épreuves vous laissant indécis, si elles ne sont pas tirées *à cire perdue*, et pareilles à la réduction du LION AU SERPENT des Tuileries, de l'ÉLÉPHANT ÉCRASANT UN TIGRE et des deux JEUNES LIONS.

Puis, pour la beauté des épreuves, gardons-nous d'oublier la qualité des patines avec leurs lueurs de pierre dure sur le lisse des surfaces sombres, et ces patines si diverses et si variées, se levant avec le temps et le frottement de dessous la patine vert-de-grisée un peu compacte, un peu uniforme adoptée par le fondeur : patine vert glauque de mer, patine à la nuance de bronze florentin, patine noirâtre jouant la patine des vieilles médailles, et surtout une patine brune dont le fauve est transpercé comme d'un rouge de rouille, et telle qu'on la voit dans le JAGUAR DEBOUT.

Mais voulez-vous mieux que des phrases, une preuve matérielle de la beauté des épreuves, — une preuve à la façon des épreuves avant la lettre, des épreuves de premier état d'une collection d'estampes, — vous l'avez ici donnée par le poinçon du Maître. C'est ainsi que par les numéros poinçonnés, frappés au marteau, au-dessous de la signature BARYE, vous rencontrerez dans cette vente une vingtième épreuve de l'OURS COUCHÉ ; — une seizième épreuve de THÉSÉE ET LE MINOTAURE ; — deux neuvièmes épreuves de l'ÉPAGNEUL EN ARRÊT SUR UN LAPIN et du BRAQUE EN ARRÊT SUR UN FAISAN ; — deux huitièmes épreuves du CERF DE VIRGINIE et de la PETITE BICHE COUCHÉE; — deux deuxièmes épreuves du SERPENT PYTHON AVALANT UNE BICHE et du LÉVRIER COUCHÉ; — deux premières épreuves du TAUREAU TERRASSÉ PAR UN OURS et du TAUREAU CABRÉ.

A côté de ces épreuves hors ligne, de ces miracles de la fonte[1], comptez aussi les raretés, les *desiderata*, les petites curiosités parmi lesquelles je ne veux citer que le MILON DE CROTONE DÉVORÉ PAR UN LION, la médaille exécutée par Barye en 1819 pour le concours de la gravure en médaille, et où déjà apparait le dessinateur du lion — une rareté découverte au fond d'une vieille caisse de débris et de scories de bronze dans la vente de Eck et Durand — et dont il n'existe peut-être en tout qu'un double à l'École des Beaux-Arts.

Les petites merveilles que toutes ces figurations de bêtes non seulement rendues avec les solides montants ou les fines nervures des pattes, les saillies et le jeu dans l'échine des osselets de l'épine dorsale, les rugosités et les flaccidités de la peau, les courants du pelage, le poil floconneux du dromadaire, la soie hirsute du sanglier, l'enveloppe cuirassée du pachyderme, le revêtement squameux de l'alligator, enfin avec la connaissance la plus étendue du détail local, particulier, mais le dirai-je avec quelque chose de plus encore, avec la physionomie morale, avec un peu de l'âme des *frères inférieurs* de l'homme — le Maitre, en ces œuvres qui n'ont souvent que le format d'un

1. Charles Blanc dit : « Barye excellait dans l'art de composer les fontes, de les jeter en moule, de les réparer. Il s'entendait mieux que personne à faire disparaitre, par la ciselure, les accidents du moulage, les traces de la coulée, à purger le métal des croûtes que peut y laisser le contact de la fonte avec le sable. Il savait aussi à merveille modeler en vue du bronze : cela veut dire mettre à profit la densité et la légèreté du métal... Cela veut dire aussi prévoir la couleur que donneront les évidements, et profiter de l'extrême finesse de grain que présente le bronze, pour serrer l'exécution, affirmer les plans, acérer les arêtes, creuser plus vivement les sillons, pousser jusqu'au bout la rigueur des formes, le rendu, le fini. »

*presse-papier*, montrant la passivité sereine des éléphants, l'intelligence espiègle des jeunes chiens, les fureurs cabriolantes des taureaux, les effarements peureux des lièvres, la mélancolie des biches couchées, le cou paresseusement allongé à terre ! Oh ! la robuste et puissante création ! Oh ! le surprenant bestiaire que ce petit monde de bronzes pouvant tenir sur des étagères !

Mais avant tout Barye est le Maître des Fauves, des Féroces, des Félins. C'est lui qui, un certain jour de sa vie, rejetant de son talent toutes les réminiscences des lions assyriens, ninivites, byzantins, s'est fait l'artiste ***naturiste***, modelant, mesurant, sans trêve et sans repos, les féroces dans leurs cages du Jardin des Plantes ; et c'est lui qui, le premier, a surpris les palpitations de leurs flancs, les reniflements de leurs naseaux, le roulis sous-cutané des muscles carrés, en cette marche apaisée, où les os et les nerfs semblent flotter dans une peau trop large — et c'est encore lui le premier, qui a forcé la dureté résistante des métaux à rendre l'élasticité bondissante de ces animaux qu'habitent la Destruction et le Carnage.

Ici, arrêtons-nous un moment devant le JAGUAR DÉVORANT UN LIÈVRE.

Le jaguar, le poitrail sorti de terre, est accroupi sur ses pattes de derrière, le ventre entré dans le sol. Arcbouté sur la patte gauche, dont la large tête de l'humérus fait saillie au-dessus de la ligne serpentante et effacée et retraitée de tout le corps, il fouille d'un mufle à l'aplatissement presque vipérin, les entrailles d'un lièvre, il fouille le cou tout sillonné d'énormes gonflements. Le rampement famélique, l'avalement de la croupe mamelonnée de puissantes contractions nerveuses, le repliement des deux pattes de derrière rassemblées, écrasées sous la bête, la tranquillité du dos où la peau un peu relâchée se plisse sur les côtés, le dénouement de la queue où persiste dans la torsion du bout comme un reste de force colère, les terribles froncements de la face, l'ampleur des mâchoires en joie, le rabattement des petites oreilles tressautantes, le travail de la robe, travail sans relief, travail de rayures couchées dans le sens des poils, le grand dessin des raccourcis, la savante opposition des parties de musculatures au repos qu'on dirait somnolentes, et des parties de musculatures en action — comme inquiètes et encore éveillées : tout ce surprenant mélange de détente et de ramassement de vigueur animale, font de ce bronze une de ces imitations de la nature vivante, au delà de laquelle la sculpture ne peut aller. Oui, en vérité, « ce jaguar dévorant un lièvre » est la parfaite représentation chez les grands félins de la succion jouisseuse, de la volupté gourmande du sang!

Et devant ce chef-d'œuvre, en dépit des légendes et des *racontars* des sculpteurs de l'École normale sur les chevaux de Calamis, sur les vaches de Miron, sur le fameux « chien de bronze se léchant une plaie », et qu'on gardait dans le temple de Junon, — en dépit, il faut l'avouer, de la beauté réaliste de la panthère en marbre noir, cataloguée autrefois sous le n° 315, au Vatican — devant ce chef-d'œuvre de l'animalier des animaliers, disons-le hautement, si la sculpture de l'humanité est, hors de tout conteste, supérieure chez les anciens, la sculpture de l'animalité en aucun temps, en aucun lieu, n'a atteint la perfection que lui a apportée le français du XIX^e siècle, Antoine-Louis Barye.

EDMOND DE GONCOURT.

Auteuil, 9 janvier 1886.

4 — *Éléphant écrasant un tigre.*

Belle épreuve ancienne. — Patine médaille.

Collection Baroilhet.

Haut., 22 cent.; long., 35 cent.

5 — *Lion qui marche.*

Ancienne épreuve, très belle. — Superbe patine.

Collection de Mme de Balzac.

Haut., 23 cent.; long., 39 cent.

6 — *Tigre qui marche.*

Ancienne épreuve, très belle. — Patine médaille.

Collection de Mme de Balzac.

Haut., 21 cent.; long., 40 cent.

7 — *Cheval turc.*

Ancienne épreuve. — Belle patine médaille.

Haut., 29 cent.; long., 31 cent.

8 — *Autre cheval turc.*

Pendant du précédent.

Épreuve numérotée. — Belle patine verte.

Haut., 29 cent.; long., 31 cent.

9 — *Cerf de Virginie couché.*

Épreuve numérotée. — Belle patine médaille.

Haut., 26 cent.; long., 41 cent.

10 — *Taureau cabré avec un tigre.*

Ancienne épreuve. — Belle patine foncée.

Haut., 22 cent.; long., 26 cent.

11 — *Taureau cabré.*

Épreuve numérotée. — Belle patine médaille.

Collection Baroilhet.

Haut., 22 cent.; long., 26 cent.

12 — *Tigre dévorant une gazelle.*

Ancienne épreuve. — Belle patine verte.

Haut., 13 cent.; long., 33 cent.

13 — *Groupe d'ours.*

Ancienne épreuve. — Belle patine médaille.

Haut., 22 cent.; long., 17 cent.

14 — *Taureau terrassé par un ours.*

Magnifique épreuve numérotée. — Très belle patine.

Haut., 14 cent.; long., 28 cent.

15 — *Deux jeunes lions.*

Ancienne épreuve numérotée. — Belle patine médaille.

Haut., 18 cent.; long., 17 cent.

16 — *Ours attaquant une chouette.*

Épreuve ancienne. — Patine verte.

Vente Barye.

Haut., 20 cent.; long., 18 cent.

17 — *Gnou.*

Ancienne épreuve. — Patine verte.

Vente Barye.

Haut., 18 cent.; long., 29 cent.

18 — *Cheval demi-sang, la tête baissée.*

Épreuve ancienne. — Patine médaille.

A appartenu à Frédéric Lemaître.

Haut., 19 cent.; long., 25 cent.

19 — *Réduction du précédent.*

Belle épreuve ancienne.

Haut., 11 cent.; long., 17 cent.

20 — *Cheval demi-sang.*

Pendant du précédent.

Ancienne épreuve. — Belle patine.

Haut., 14 cent.; long., 17 cent.

21 — *Cheval turc.*

Belle épreuve ancienne. — Patine vert foncé.

Haut., 18 cent.; long., 19 cent.

22 — *Lion au serpent.*

Belle épreuve ancienne. — Patine brune.

Haut., 13 cent.; long., 15 cent.

23 — *Basset assis.*

Très belle épreuve ancienne. — Patine verte.

Haut., 15 cent.; long., 26 cent.

24 — *Lion assis.*

Superbe épreuve ancienne. — Patine médaille.

Haut., 18 cent.; long., 16 cent.

25 — *Lévrier couché.*

Très belle épreuve ancienne, numérotée. — Patine médaille.

Collection Baroilhet.

Haut., 7 cent.; long., 26 cent.

26 — *Serpent python avalant une biche.*

Superbe épreuve numérotée. — Belle patine.

Collection Baroilhet.

Haut., 9 cent.; long., 31 cent.

27 — *Ours assis.*

Épreuve ancienne, numérotée. — Patine foncée.

Haut., 14 cent.; long., 20 cent.

28 — *Ours dans son auge.*

Épreuve de chez Barbedienne.

Ce modèle, dans cette dimension, n'a jamais été reproduit en bronze par Barye.

Haut., 12 cent.; long., 13 cent.

29 — *Panthère de Tunis.*

Superbe épreuve ancienne. — Patine brune.

Haut., 10 cent.; long., 20 cent.

30 — *Panthère couchée.*

Belle épreuve ancienne. — Patine verte.

Haut., 9 cent.; long., 20 cent.

31 — *Jaguar qui marche.*

Belle épreuve ancienne et numérotée. — Patine vert foncé.

Haut., 11 cent.; long., 22 cent.

32 — *Jaguar debout.*

Ancienne épreuve. — Magnifique patine vert foncé.

Haut., 13 cent.; long., 21 cent.

33 — *Jaguar debout.*

Epreuve ancienne, avec superbe patine.

Haut., 12 cent.; long., 19 cent.

34 — *Panthère surprenant un zibet.*

Ancienne épreuve, avec belle patine brune

Haut., 11 cent.; long., 21 cent.

35 — *Jaguar qui marche.*

Ancienne épreuve. — Patine foncée.

Haut., 7 cent.; long., 12 cent.

36 — *Éléphant d'Asie.*

Superbe épreuve ancienne, avec patine brune.

Haut., 14 cent.; long., 15 cent.

37 — *Rennes.*

Épreuve ancienne. — Belle patine foncée.

Haut., 15 cent.; long., 15 cent.

38 — *Chat assis.*

Épreuve ancienne. Patine verte.

Vente Barye.

Haut., 10 cent.; long., 6 cent.

39 — *Faisan.*

Ancienne épreuve. — Patine vert foncé.

Haut., 11 cent.; long., 21 cent.

52 — *Gazelle d'Éthiopie.*

Épreuve ancienne. — Belle patine foncée.

Haut., 9 cent.; long., 11 cent.

53 — *Moufflon.*

Ancienne épreuve. — Belle patine brune.

Haut., 7 cent.; long., 12 cent

54 — *Bouquetin.*

Ancienne épreuve. — Patine brune.

Haut., 8 cent.; long., 9 cent.

55 — *Chevreau bondissant.*

Épreuve ancienne, très rare. — Patine brune.

Haut., 8 cent.; long., 7 cent.

56 — *Agneau couché.*

Ancienne épreuve. — Patine brune.

Haut., 4 cent.; long., 6 cent.

57 — *Groupe de deux lapins.*

Épreuve ancienne. — Patine verte.

Vente Barye.

Haut., 5 cent.; long., 9 cent.

58 — *Lapin, les oreilles couchées.*

Belle épreuve ancienne. — Patine brune

Haut., 5 cent.; long., 7 cent.

59 — *Cigogne posée sur une tortue.*

Épreuve ancienne. — Patine foncée.

Haut., 8 cent.; long., 5 cent.

60 — *Cigogne posée sur un piédouche.*

Épreuve ancienne. — Patine foncée.

Haut., 7 cent.; long., 5 cent.

61 — *Crocodile.*

Très belle et ancienne épreuve. — Patine foncée.

Haut., 4 cent.; long., 20 cent.

## ANIMAUX — BAS-RELIEFS

62 — *Lion de la colonne de Juillet.*

Superbe épreuve ancienne. — Patine vert foncé.

Haut., 20 cent.; long., 42 cent.

63 — *Léopard.*

Magnifique épreuve ancienne. — Belle patine de médaille.

Haut., 7 cent : long., 11 cent.

64 — *Panthère.*

Magnifique épreuve ancienne. — Belle patine de médaille.

Haut., 7 cent.; long., 14 cent.

65 — *Genette emportant un oiseau.*

Épreuve ancienne. — Belle patine de médaille.

Haut., 6 cent. 1/2; long., 14 cent.

66 — *Cerf de Virginie.*

Ancienne épreuve. — Patine brune.

Haut., 9 cent.; long., 15 cent.

67 — *Cerf courant.*

Ancienne épreuve. — Patine brune.

Haut., 10 cent.; long., 14 cent.

68 — *Aigle tenant un serpent.*

Épreuve ancienne, très rare. — Belle patine brun clair.

Haut., 10 cent.; long., 15 cent.

69 — *Aigle tenant un chamois.*

Épreuve ancienne, très rare. — Belle patine brun clair.

Haut., 10 cent.; long., 15 cent.

www.ingramcontent.com/pod-product-compliance
Ingram Content Group UK Ltd.
Pitfield, Milton Keynes, MK11 3LW, UK
UKHW032028260826
14628UKWH00006B/2793

9 782329 531885